CRÉDITOS

Tradução
Stefano Vaccarino

Revisão do texto
Marcos Roque

Ilustrações e capa
Carlo Molinari

Diagramação
Eduardo Wahrhaftig

Coordenação editorial
Roberto Votta

Produção Executiva
Fernando Vitale

CIP-BRASIL. CATALOGAÇÃO NA FONTE
SINDICATO NACIONAL DOS EDITORES DE LIVROS - RJ.

P237v

    Paradiso, Vito Nicola, 1964-
    O violão mágico / Vito Nicola Paradiso ; tradução Stefano Vaccarino. - 1 ed. - Rio de Janeiro : Irmãos Vitale, 2015.
    88 p. : il. ; 31 cm.

    Tradução de: La chitarra volante
    Inclui bibliografia e índice
    Acompanhado de CD
    prefácio
    ISBN 978-85-7407-435-1

    1. Violão - Instrução e estudo. I. Título.

15-19967   CDD: 787.3193
                                                                                                    CDU: 780.614.131

10/02/2015   10/02/2015

Aos meus pequenos Rocco e Mirko

Apresentação

A estrutura pedagógica deste método é o resultado de pesquisas de ensino ditadas pela experiência pessoal, da experimentação a qual foi submetida e de retornos obtidos durante anos.

Embora muitos professores reconheçam o valor e respeitam as obras didáticas existentes, é sentida a necessidade de renovar o ensino de base, adaptando-o às necessidades atuais.

Atualmente, crianças e jovens buscam resultados rápidos e necessitam de reconhecimento instantâneo. Do contrário, o que seria um passatempo divertido pode se tornar numa sucessão de lições enfadonhas de música, o que provoca a consequente rejeição e o inevitável abandono dos estudos.

São os próprios alunos que querem criar, manipular e inventar, não ficando apenas como intérpretes passivos. Portanto, o professor e o método no qual se inspira têm um papel crucial em oferecer estímulo e conhecimento necessários para que o aluno adquira autonomia e senso crítico.

O fundamento mais importante em que se baseia este método é: **em música, a teoria deve seguir a prática**, ou seja, o estudante deve aprender as regras somente depois de experimentar os fatos que lhes deram origem.

Expresso meu agradecimento especial ao amigo maestro Carlo Molinari, que, com sua criatividade, foi capaz de traduzir meus pensamentos em imagens, valorizando-os, na maior parte do tempo, com ideias originais e inspiradoras.

Vito Nicola Paradiso

Guia do professor

O objetivo das dicas adiante é facilitar e tornar mais eficiente o programa didático desenvolvido pelo professor.

Todas as noções de teoria musical e de técnica instrumental foram deliberadamente apenas sugeridas com o intuito de que o professor possa lidar com qualquer assunto de maneira pessoal.

A progressão das faixas, de forma gradual, faz com que a criança assimile cada aspecto, tanto técnico quanto teórico, de maneira simples e eficaz. Além disso, cada assunto novo é consolidado por meio de "TESTES DE AVALIAÇÃO" que, em alguns casos, se comportam como pretexto para o desenvolvimento da criatividade e da imaginação do estudante.

Como atividades complementares e de apoio aos exercícios rítmicos, chamados de "ABASTECIMENTOS", aconselha-se ao aluno repetir várias vezes as fórmulas, ou batendo contra as palmas das mãos, ou pela leitura de sílabas e vogais sobre as notas e de números sobre as pausas, como por exemplo:

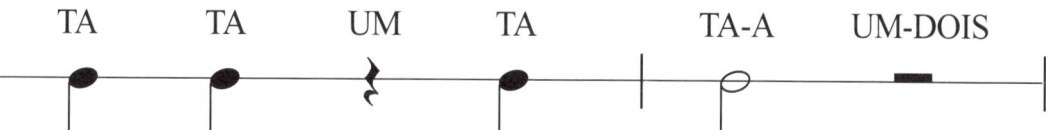

Para que o "estudo" fique ainda mais agradável, o professor pode acompanhar as melodias da primeira parte com simples sequências de acordes.

Sugere-se, a partir das primeiras melodias, fazer com que a criança cante, pronunciando os nomes das respectivas notas.

De importância significativa é a dimensão do violão.

Conforme o tamanho da criança pode ser adequado um violão de três quartos (infantil). No caso de instrumentos de dimensões normais, sugerimos o uso de um capotraste na terceira ou na quarta posição, pois isto facilita a pressão dos dedos da mão esquerda sobre as cordas.

VIOLÃO
O meio de transporte

- Cabeça (ou mão, paleta, palheta)
- Trastes
- Casas
- Tarraxas (ou cravelhas, carrilhões)
- Escala
- Cordas
- Boca
- Caixa de ressonância
- Lateral (ou faixas)
- Cavalete com rastilho

Provavelmente, você tenha visto esse instrumento musical nas mãos de amigos ou pela televisão. Para conhecê-lo melhor, vamos começar pelos nomes de cada parte.

POSIÇÃO DO CORPO

- Tronco
- Antebraço direito
- Perna esquerda
- Parte interna da perna direita

Antes de posicionar o violão, você deve se sentar na borda frontal de uma cadeira, com o tronco ereto e colocar o pé esquerdo num banquinho chamado de "APOIO DE PÉ". Depois disso, o violão deve se apoiar sobre quatro pontos do corpo.

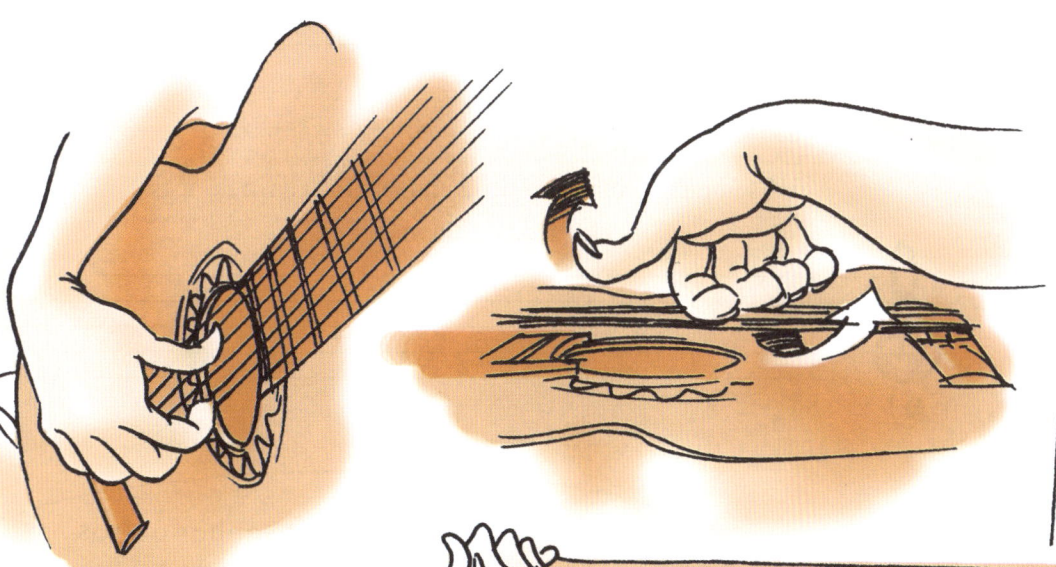

TESTE DE AVALIAÇÃO
sobre a busca das notas

Com as notas aprendidas até agora, você mesmo completa a melodia da famosíssima canção infantil adiante.

MARCHA SOLDADO
(Brasil)

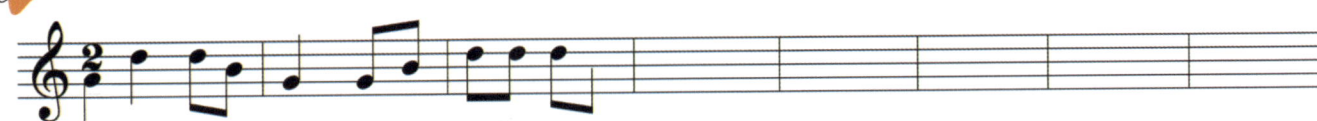

ABASTECIMENTO Nº 4
Ligadura de valor

Como você pode perceber a partir dos exemplos, dos exercícios e das músicas apresentadas, a ligadura de valor conecta duas ou mais notas da mesma altura.

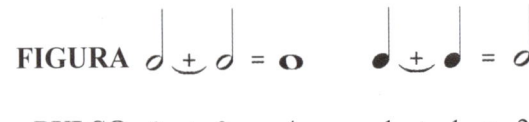

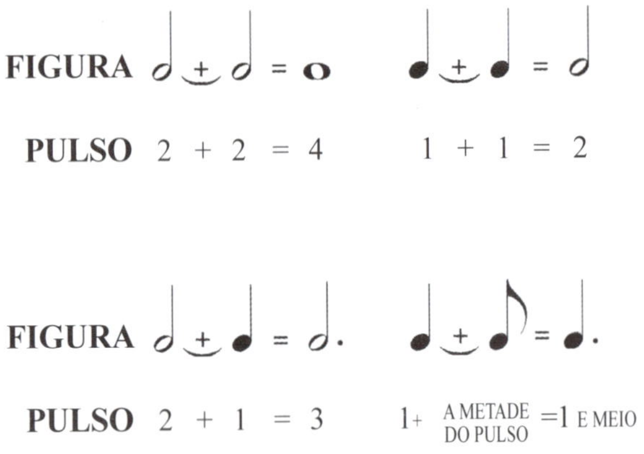

FIGURA 𝅗𝅥 + 𝅗𝅥 = 𝅝   ♩ + ♩ = 𝅗𝅥

PULSO   2 + 2 = 4   1 + 1 = 2

FIGURA 𝅗𝅥 + ♩ = 𝅗𝅥.   ♩ + ♪ = ♩.

PULSO   2 + 1 = 3   1 + A METADE DO PULSO = 1 E MEIO

Exercícios rítmicos

1
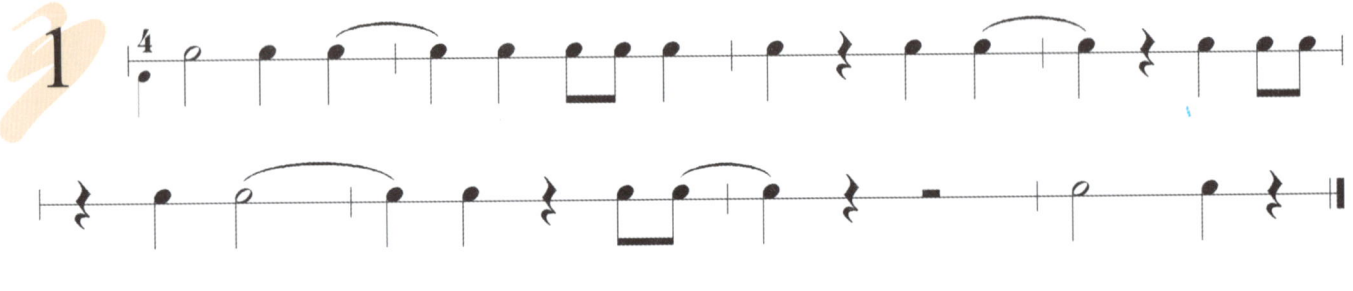

2
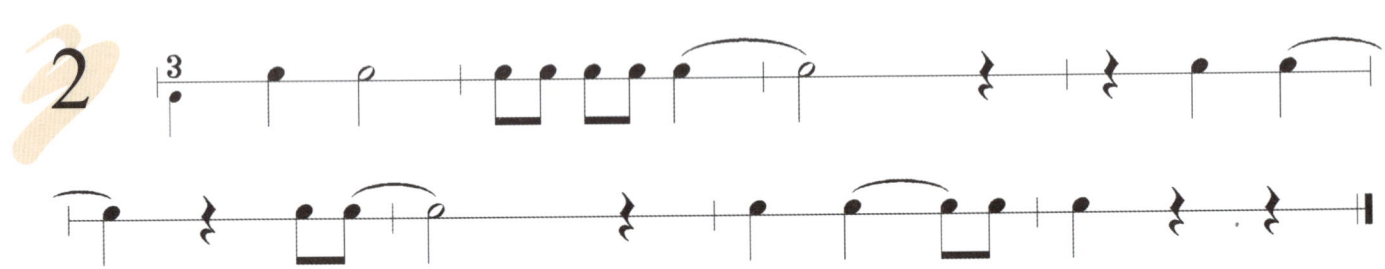

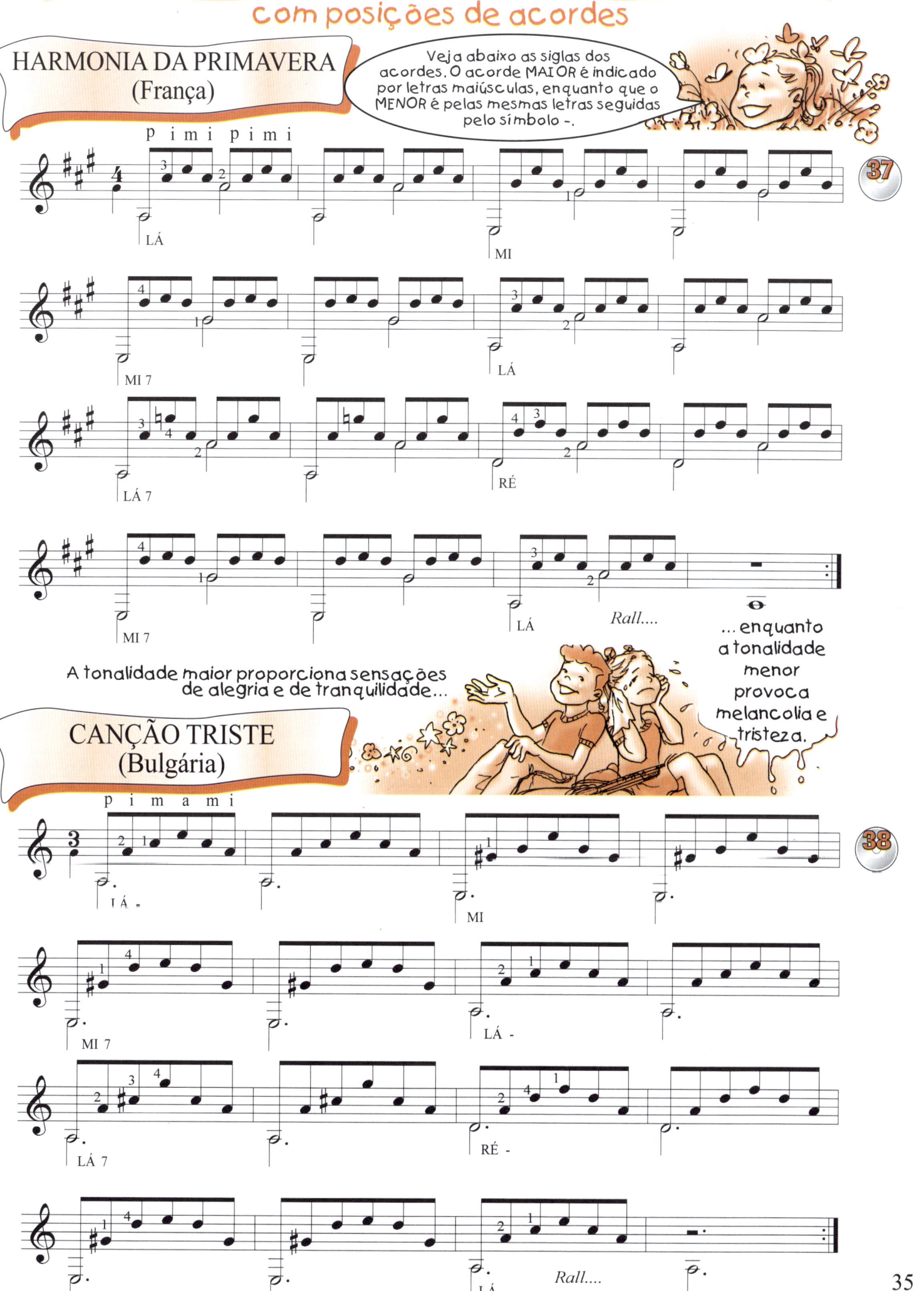

SCARAZULA MARAZULA
(Itália)

Lembre-se de usar somente os dedos indicados perto das notas.

ÁRIA DE ÓPERA
(Áustria)

Ao longo de toda a música, você deve manter posicionado o primeiro dedo na nota Lá.

Na segunda e na terceira linha, o refrão deve ser tocado forte na primeira vez e piano na segunda.

DANÇA DA CHUVA
(EUA)

Aqui também há posições de acordes.

DANÇA DOS RELÓGIOS
(Suíça)

D.C. al Fine

DANÇA DAS SERPENTES
(Arábia)

CAMELO CANSADO
(Marrocos)

Fine

Dal 𝄋 al Fine

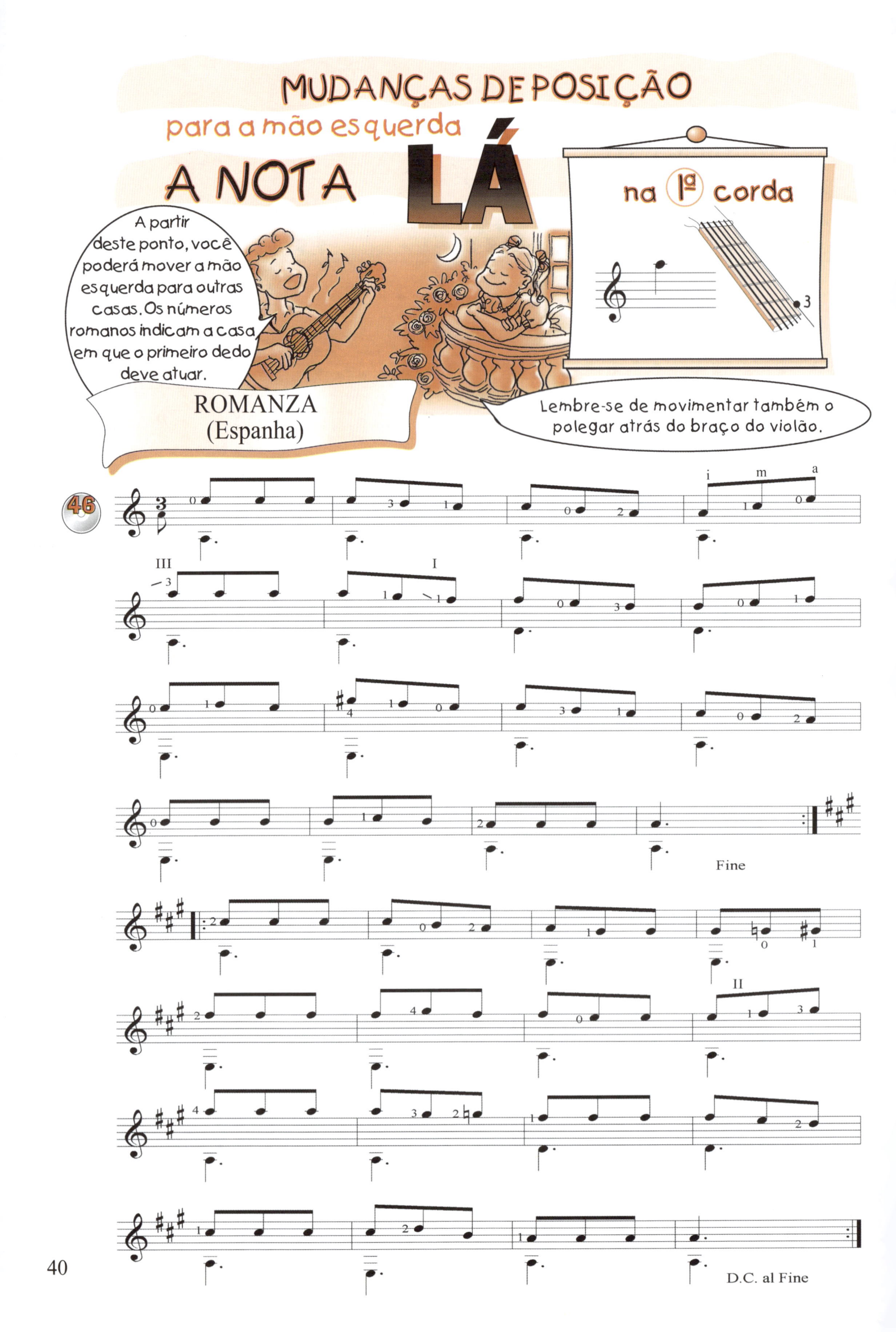

MUDANÇAS DE POSIÇÃO
para a mão esquerda
A NOTA LÁ
na 1ª corda

A partir deste ponto, você poderá mover a mão esquerda para outras casas. Os números romanos indicam a casa em que o primeiro dedo deve atuar.

ROMANZA
(Espanha)

Lembre-se de movimentar também o polegar atrás do braço do violão.

Fine

D.C. al Fine

TESTE DE AVALIAÇÃO
sobre os números romanos

I · II · III · IV · V · VI · VII · VIII · IX · X · XI · XII

Você conhece os números romanos?

ABASTECIMENTO Nº 6
Síncope

A síncope é uma mudança de acentuação. O acento não será mais no tempo forte (primeiro) como você fez até agora...

...mas no tempo fraco (contratempo). Veja os exemplos e, em seguida, tente tocar as próximas faixas. Você vai perceber a diferença!

Exercícios rítmicos

OH! SUSANNA
(EUA)

Mesmo nesta dança americana, mantenha sempre o dedo I pressionado na nota Lá, ③ᵃ corda.

ROCK MY SOUL
(EUA)

Também no spiritual negro adiante, você deve sempre pressionar a nota Lá, mas desta vez com o segundo dedo.

D.C. al Fine

> Há, na canção a seguir, um tempo que deve ser tocado em duas diferentes velocidades, conforme as indicações Allegro e Adagio.

DANÇA COSSACA
(Rússia)

O BAIXO NA NOTA SOL na 6ª corda

Manter o terceiro dedo sempre pressionado no Sol grave, do início ao fim.

CASTELO ENCANTADO
(Escócia)

O BAIXO NA NOTA FÁ

na 6ª corda

ECOS DA SELVA
(Congo)

Siga cuidadosamente o dedilhado e a dinâmica.

O BAIXO NA NOTA SI

na 5ª corda

Nesta faixa, abra bem os dedos da mão esquerda.

DANÇA AMERICANA (EUA)

52

NOTAS SIMULTÂNEAS
Acordes com três notas
O BAIXO NA NOTA DÓ

na 5ª corda

Agora, adicionamos uma terceira nota, que será tocada simultaneamente com as outras duas.

Os acordes de três sons são obtidos ao se tocar ao mesmo tempo três cordas diferentes.

RIVIERA DEI FIORI
(Itália)

DÓ

LÁ - 7

RÉ - 7

SOL 7

DÓ   Rall....

47

A NOTA MI na 4ª corda

Na primeira, segunda, quinta e sexta linha, mantenha sempre pressionada com o dedo 2 a nota Mi na 4ª corda.

A DANÇA DOS VÉUS
(Síria)

A NOTA FÁ

na 1ª corda

> Nesta canção a melodia fica sempre nas notas graves.

LEYENDA
(Espanha)

TESTE DE AVALIAÇÃO
sobre as notas graves

Escreva os nomes das notas e coloque as barras a cada quatro pulsos.

MI RÉ FÁ

Escreva aqui também o nome de cada nota.

A nota Lá sobre a 3ª corda e a nota Ré sobre a 2ª devem permanecer pressionadas.

Também na dança seguinte a melodia é completamente realizada nas notas graves.

BOOGIE WOOGIE (EUA)

TANGO PORTEÑO
(Argentina)

MALAGUEÑA
(Espanha)

Preste atenção aos bequadros e ao Si♭ que está na clave.

Rall....
Fine

D.C. al Fine

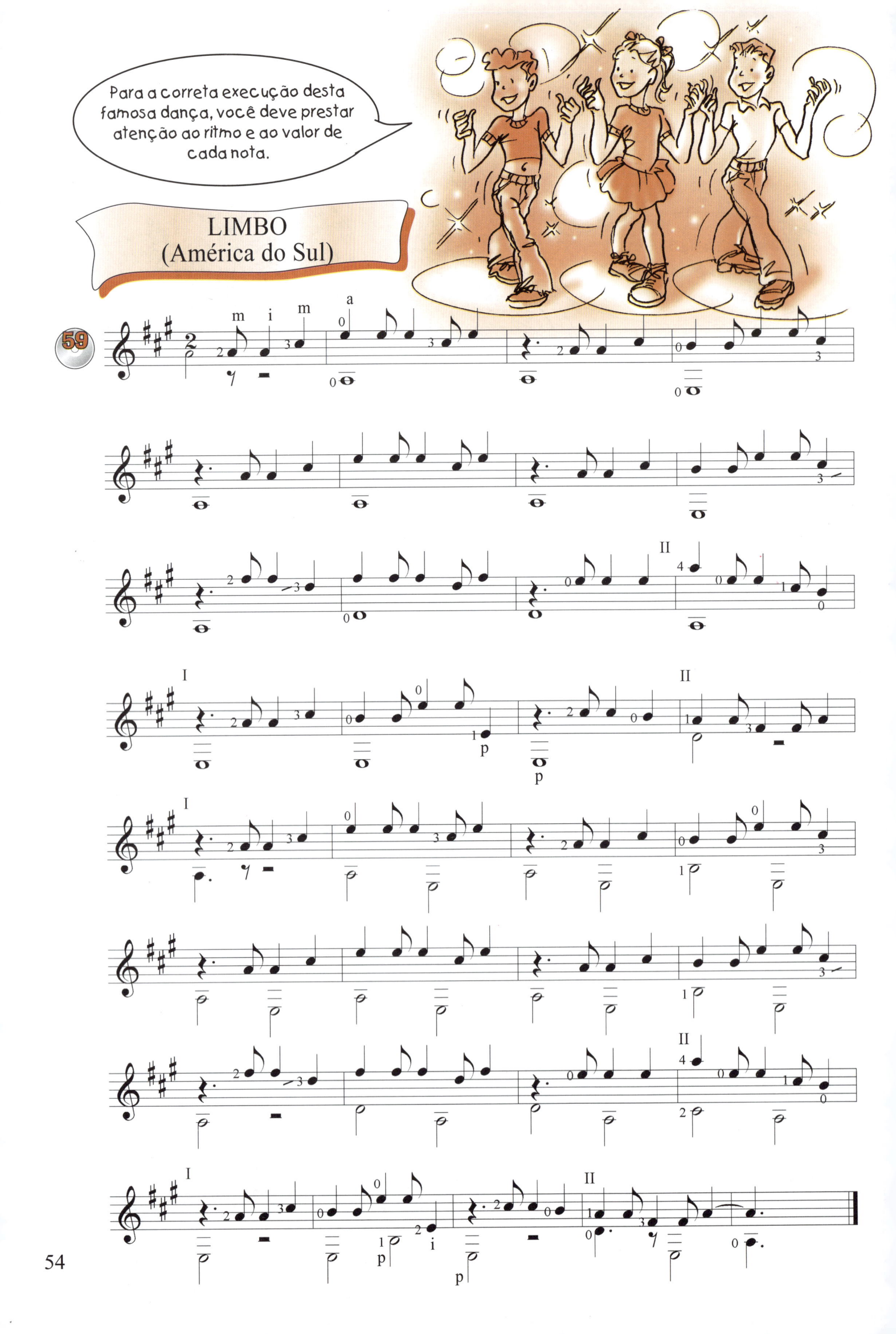

Para a correta execução desta famosa dança, você deve prestar atenção ao ritmo e ao valor de cada nota.

LIMBO
(América do Sul)

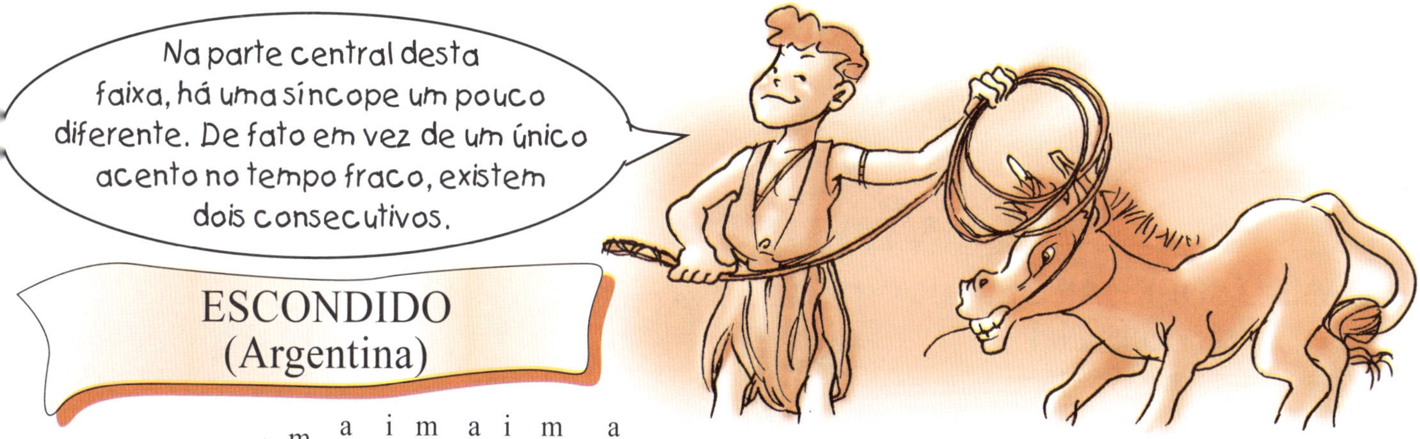

ESCONDIDO
(Argentina)

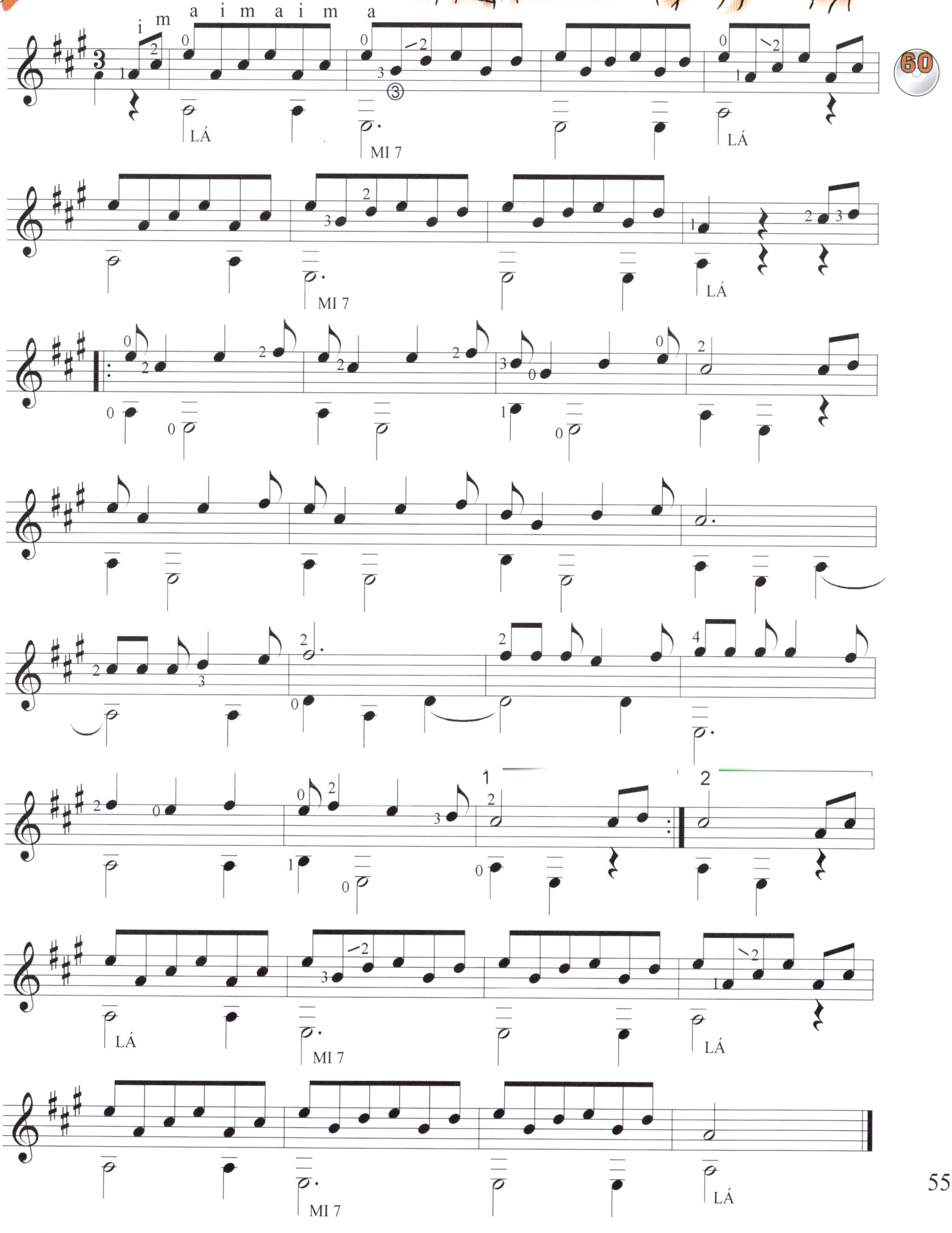

VOANDO SOBRE AS GELEIRAS
(Groenlândia)

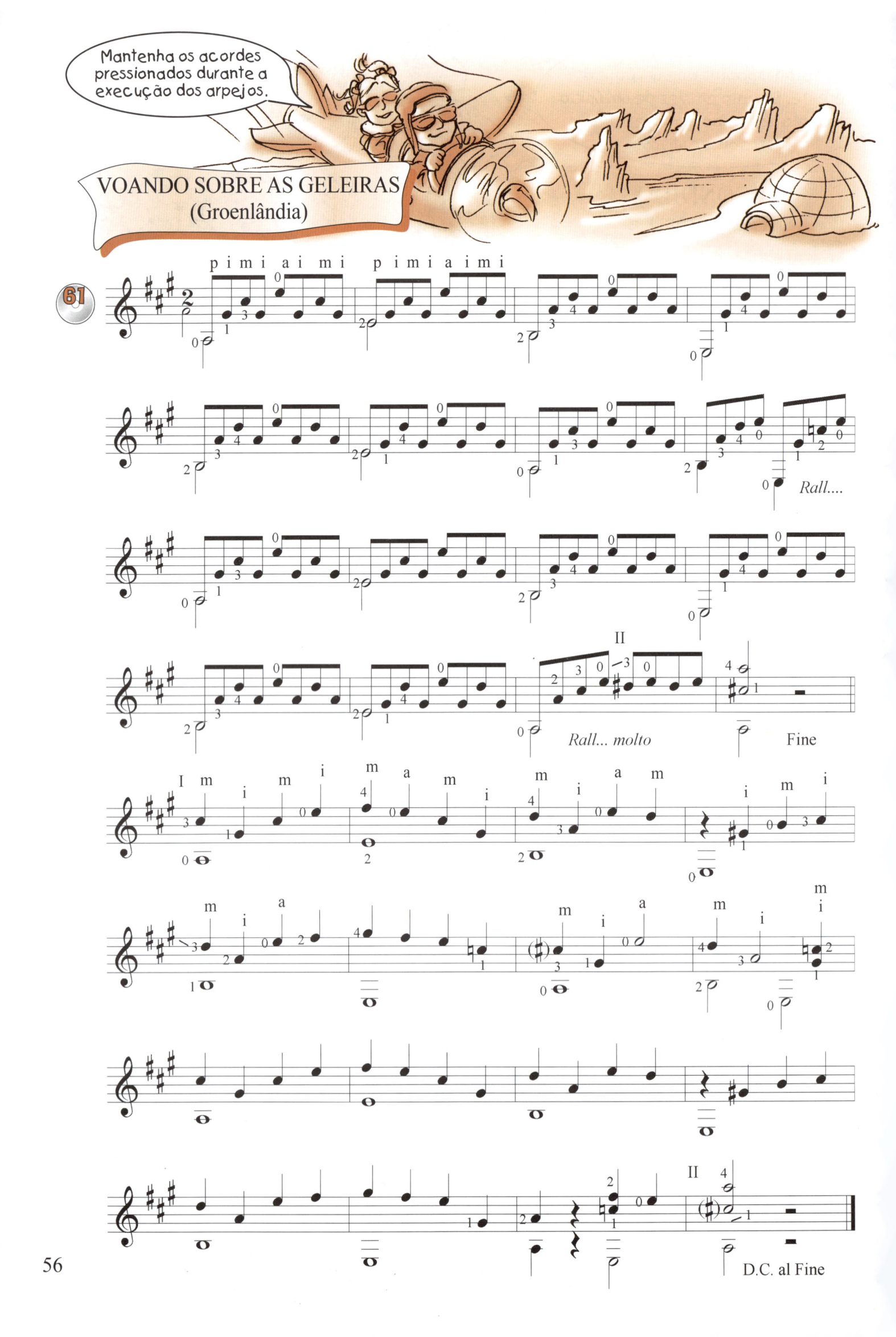

Mantenha os acordes pressionados durante a execução dos arpejos.

TESTE DE AVALIAÇÃO
sobre a busca das notas

Tente encontrar as notas e o ritmo de uma música ou de uma canção que você gosta.

ABASTECIMENTO Nº 7
Compassos compostos

Nos compassos compostos, o pulso (ou movimento) não é dividido em duas partes (forte / fraco), mas em três (forte / fraco / fraco).

Exemplos: ♪♪♪ = ♩.

♩. + ♩. = ♩.

Exercícios rítmicos

1. (6/8) ...

2. (6/8) ...

3. (6/8) ...

CANÇÃO DE NINAR
(Itália)

QUADRILHA
(Itália)

Neste momento, vamos explorar as notas mais altas na escala e nos aventurar para além da 5ª casa.

Toda a música se encontra na 5ª posição. Portanto, algumas notas que você tocava nas primeiras casas, a partir de agora, serão encontradas em outras cordas.

VOCÊ DESCE DAS ESTRELAS*
(Itália)

Quinta posição

Rall....

* Título original em italiano: Tu scendi dalle stelle

Preste atenção ao dedilhado e às notas duplas.

BAILE MEXICANO
(México)

NIGHT BLUES
(EUA)

Tomara que você tenha se divertido com a gente. Chegamos ao fim dessa cansativa mas divertida viagem ao redor da Terra...
...agora que você é capaz de andar sozinho, do jeito que quiser, recomendamos que procure alguns amigos para tocar as próximas faixas como prática de conjunto.
Divirta-se! Tchau e boa sorte!

FRÈRE JACQUES
(França)

ASSOBIANDO
(Alemanha)

VALSA DA DESPEDIDA
(Escócia)

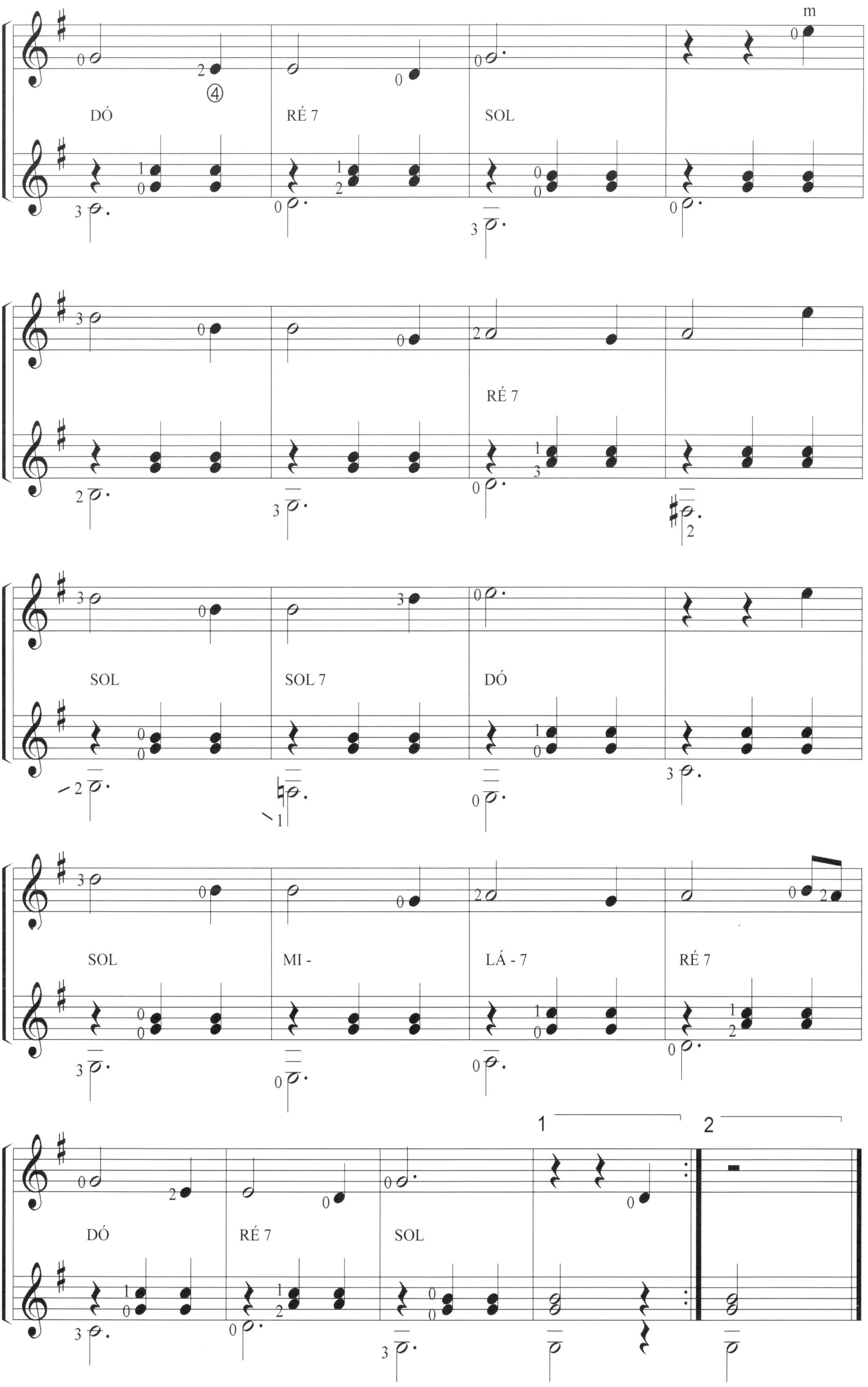
m
DÓ
RÉ 7
SOL
RÉ 7
SOL
SOL 7
DÓ
SOL
MI -
LÁ - 7
RÉ 7
1
2
DÓ
RÉ 7
SOL

GREENSLEEVES
(Grã-Bretanha)

LÁ -
MI
LÁ -
Fine
Fine
SOL
LÁ -
MI
SOL
LÁ -
MI
LÁ -
D.C. al fine, como segunda vez

CANÇÃO DE NINAR
(Alemanha)

O CARRINHO SONORO*
(Itália)

*Título original em italiano: Il carretto sonoro

CIELITO LINDO
(México)

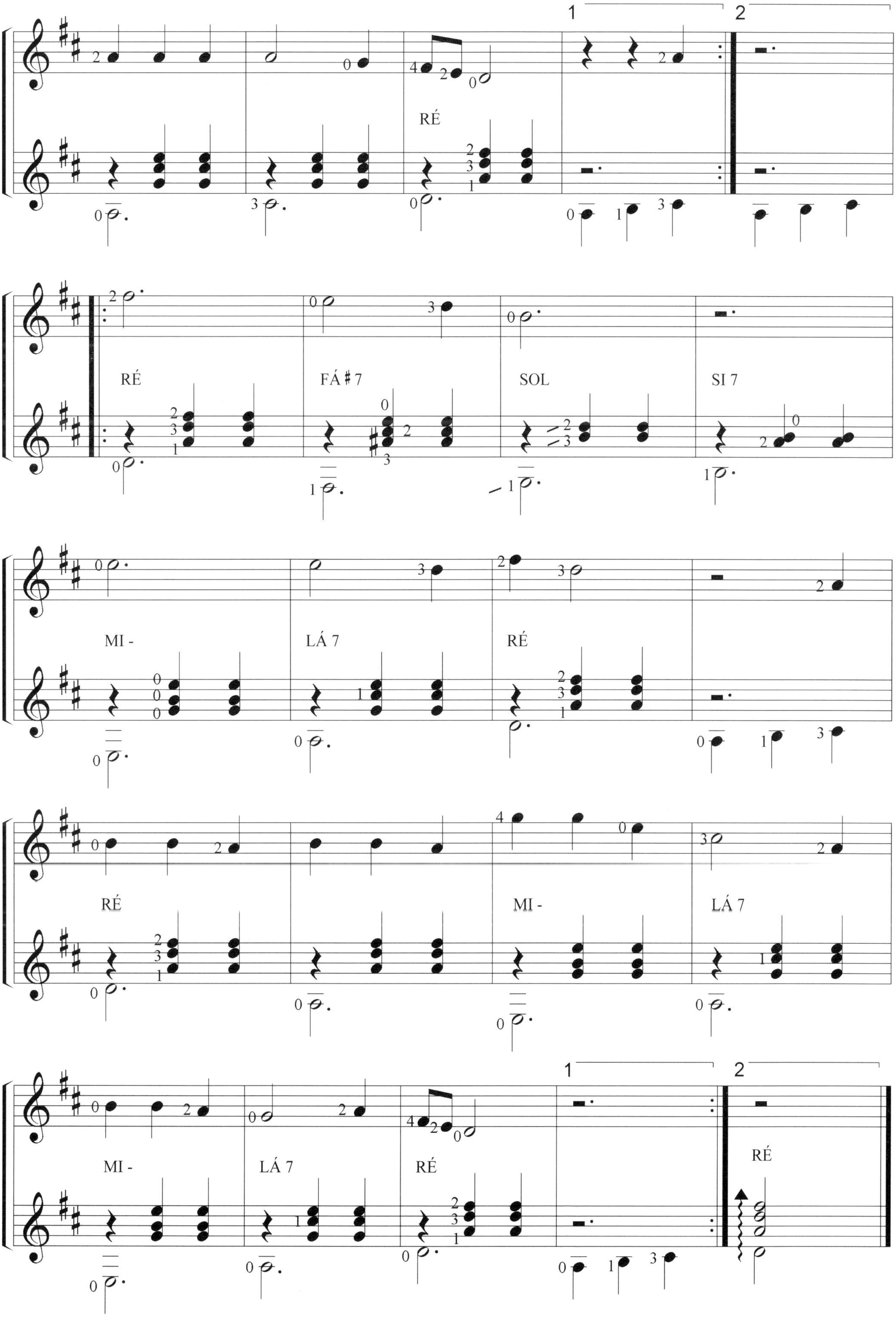
RÉ
RÉ
FÁ ♯ 7
SOL
SI 7
MI -
LÁ 7
RÉ
RÉ
MI -
LÁ 7
MI -
LÁ 7
RÉ
RÉ

TARANTELLA
(Itália)

75

VALSA PANAMENSE
(Panamá)

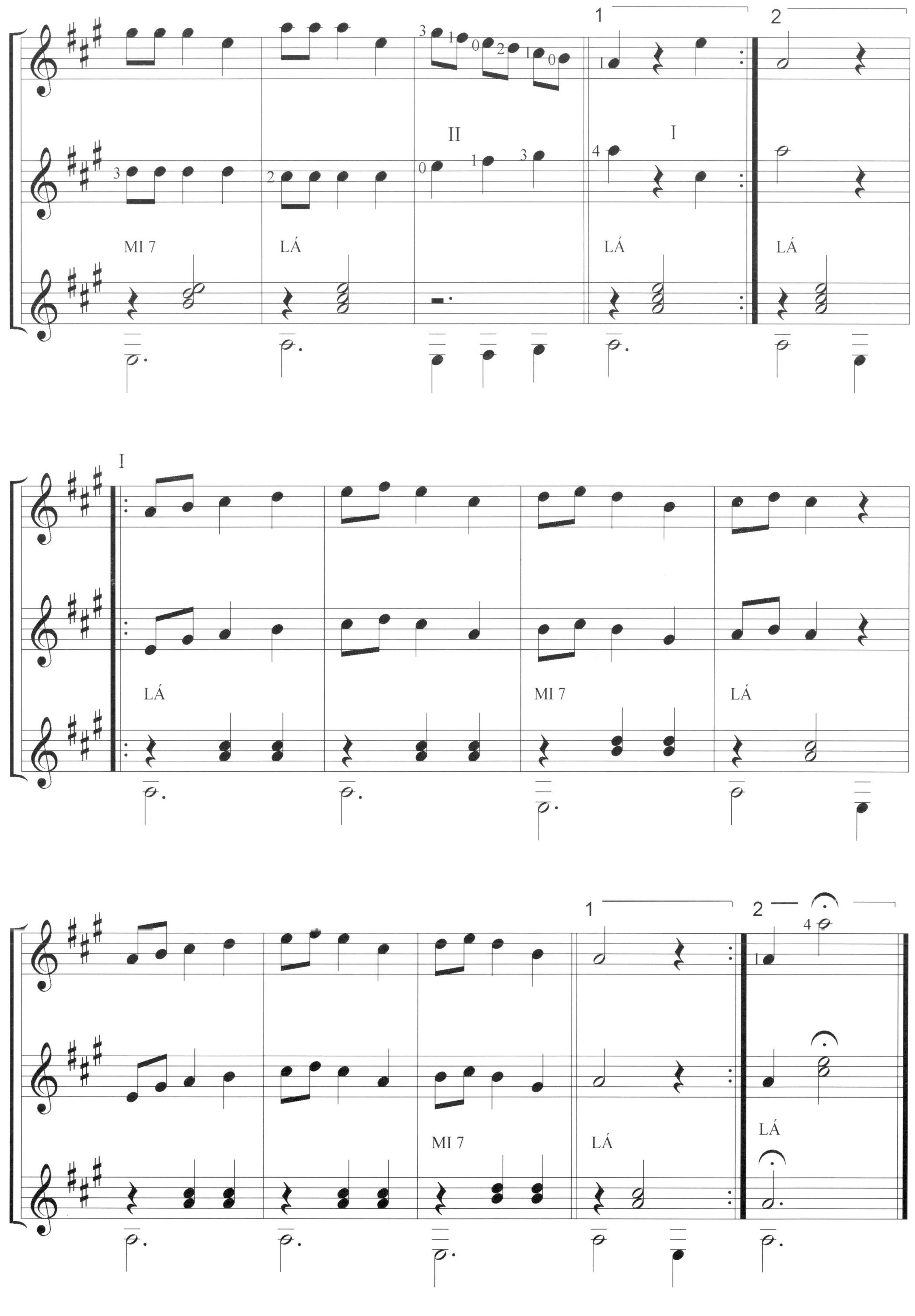
MI 7
LÁ
LÁ
LÁ
LÁ
MI 7
LÁ
MI 7
LÁ
LÁ

LITTLE BLUES
(EUA)

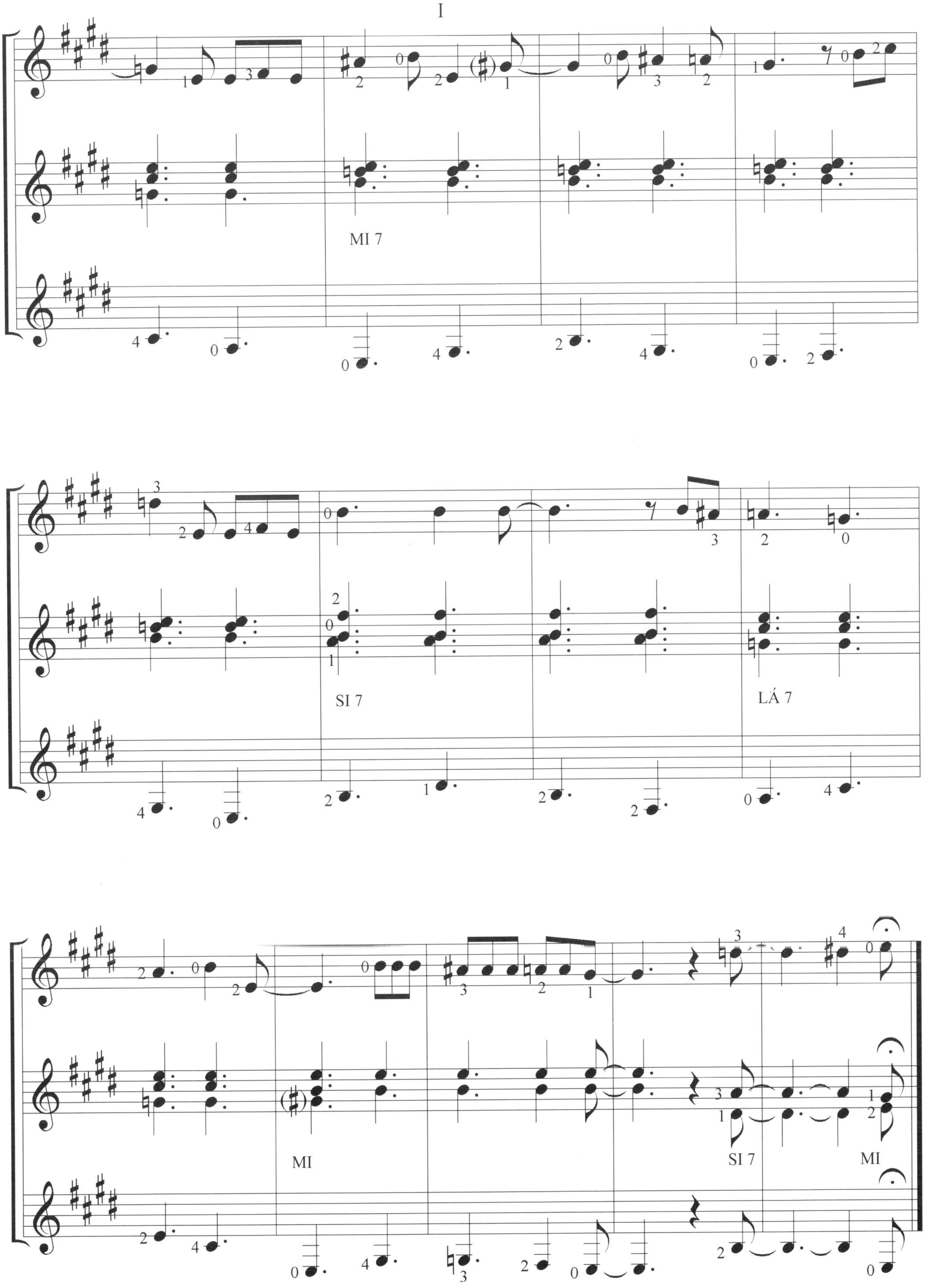
I
MI 7
SI 7
LÁ 7
MI
SI 7
MI

LA CUCARACHA
(México)

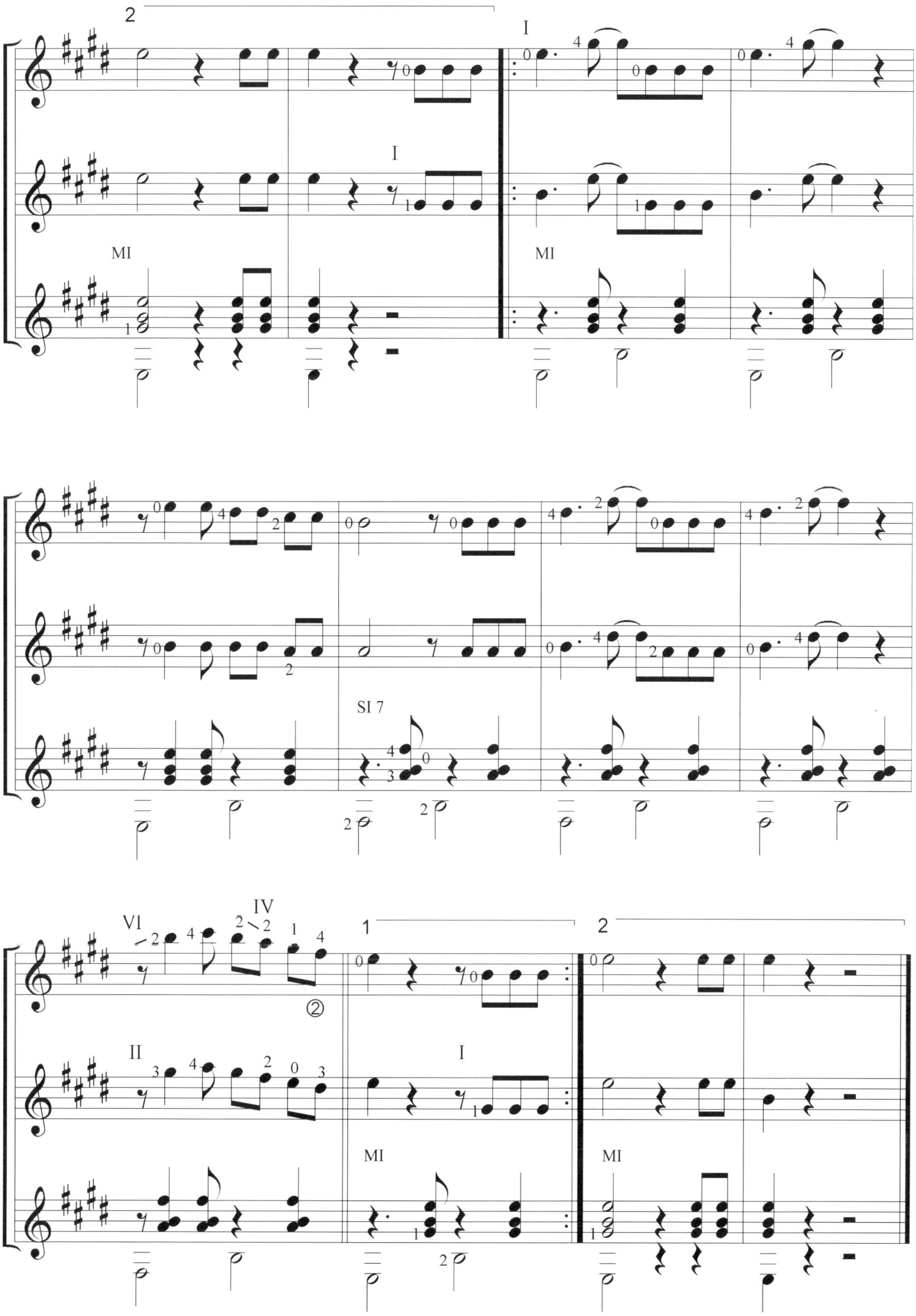
I
MI
SI 7
VI
IV
II

TRÓPICO DANCE
(América do Sul)

83

Índice por assunto

Apresentação	4
Guia do professor	5
Boas-vindas e apresentação dos dois personagens	7
VIOLÃO	
O meio de transporte	
Posição do corpo	8
MÃO DIREITA	
Posição da mão	
Nomes dos dedos	9
PARTITURA	
Mapa	10
ABASTECIMENTO ANTES DE CADA PARTIDA	
Elementos de teoria	
ABASTECIMENTO Nº 1 - Valor (duração) das notas	11
AS TRÊS PRIMEIRAS CORDAS SOLTAS	
Mi, Si, Sol	12
INTENSIDADE DO SOM	14
MÃO ESQUERDA	
Posição da mão	
Nomes dos dedos	16
A NOTA LÁ NA 3ª CORDA	17
TESTE DE AVALIAÇÃO - Sobre o valor das notas	18
ABASTECIMENTO Nº 2 - Colcheia	18
A NOTA DÓ NA 2ª CORDA	19
A NOTA RÉ NA 2ª CORDA	20
A NOTA SOL NA 1ª CORDA	21
TESTE DE AVALIAÇÃO - Sobre o conhecimento das notas	22
ABASTECIMENTO Nº 3 - Ponto de aumento	22
A NOTA FÁ NA 1ª CORDA	24
TESTE DE AVALIAÇÃO - Sobre a busca das notas	26
ABASTECIMENTO Nº 4 - Ligadura de valor	26
TESTE DE AVALIAÇÃO - Sobre a busca das notas	28
ABASTECIMENTO Nº 5 - Notas alteradas	28
ESCALA CROMÁTICA	28
BEQUADRO	30
TESTE DE AVALIAÇÃO - Sobre as notas alteradas	31
AS TRÊS CORDAS GRAVES SOLTAS	
Ré, Lá, Mi	32
TONALIDADES MAIOR E MENOR	
Com posições de acordes	35
TESTE DE AVALIAÇÃO - sobre as posições de acordes	36
NOTAS SIMULTÂNEAS	
Bicordes	36
MUDANÇAS DE POSIÇÃO - Para a mão esquerda	40
A NOTA LÁ NA 1ª CORDA	40
TESTE DE AVALIAÇÃO - Sobre os números romanos	41
ABASTECIMENTO Nº 6 - Síncope	41
O BAIXO NA NOTA SOL NA 6ª CORDA	44
O BAIXO NA NOTA FÁ NA 6ª CORDA	45
O BAIXO NA NOTA SI NA 5ª CORDA	46
NOTAS SIMULTÂNEAS	
Acordes com três notas	47
O BAIXO NA NOTA DÓ NA 5ª CORDA	47
A NOTA MI NA 4ª CORDA	48
A NOTA FÁ NA 4ª CORDA	49
TESTE DE AVALIAÇÃO - Sobre as notas graves	50
TESTE DE AVALIAÇÃO - Sobre a busca das notas	57
ABASTECIMENTO Nº 7 – Compassos compostos	57
Saudações dos dois personagens	63
FAIXAS PARA PRÁTICA DE CONJUNTO	64

Índice das faixas

TÍTULO	NACIONALIDADE	AUTOR	PÁGINA	FAIXA DO CD
A DANÇA DOS TÁRTAROS	Mongólia	VITO NICOLA PARADISO	30	32
A DANÇA DOS VÉUS	Síria	VITO NICOLA PARADISO	48	54
A LANTERNA CHINESA	China	VITO NICOLA PARADISO	30	31
A PIRÂMIDE MAIA	México	VITO NICOLA PARADISO	31	
A VALSA DOS CANGURUS	Austrália	VITO NICOLA PARADISO	36	39
ÁRIA DE ÓPERA	Áustria	WOLFGANG AMADEUS MOZART	37	41
AS RENAS SOBRE A NEVE	Suécia	VITO NICOLA PARADISO	29	30
ASSOBIANDO	Alemanha	MELODIA TRADICIONAL	65	
AULOS	Grécia	VITO NICOLA PARADISO	15	11
AURORA CUBANA	Cuba	VITO NICOLA PARADISO	33	33
BAILE MEXICANO	México	MELODIA TRADICIONAL	61	65
BARCAROLLE	Hungria	VITO NICOLA PARADISO	23	21
BOOGIE WOOGIE	EUA	MELODIA TRADICIONAL	51	56
CAMELO CANSADO	Marrocos	VITO NICOLA PARADISO	39	45
CANÇÃO DE NINAR	Alemanha	JOHANNES BRAHMS	70	
CANÇÃO DE NINAR	Itália	MELODIA TRADICIONAL	58	62
CANÇÃO TRISTE	Bulgária	VITO NICOLA PARADISO	35	38
CASTELO ENCANTADO	Escócia	VITO NICOLA PARADISO	44	50
CIELITO LINDO	México	QUIRINO MENDOZA Y CORTÉS	72	
COWBOY SONG	EUA	VITO NICOLA PARADISO	21	20
DANÇA AMERICANA	EUA	MELODIA TRADICIONAL	46	52
DANÇA COSSACA	Rússia	VITO NICOLA PARADISO	43	49
DANÇA DA CHUVA	EUA	VITO NICOLA PARADISO	38	42
DANÇA DAS SERPENTES	Arábia	MELODIA TRADICIONAL	39	44
DANÇA DOS RELÓGIOS	Suíça	VITO NICOLA PARADISO	38	43
DANÇA MAGIAR	Hungria	VITO NICOLA PARADISO	25	26
ECOS DA SELVA	Congo	VITO NICOLA PARADISO	45	51
ESCONDIDO	Argentina	MELODIA TRADICIONAL	55	60
ESTEPE RUSSA	Sibéria	VITO NICOLA PARADISO	19	16
FLAUTA PAN	Bolívia	VITO NICOLA PARADISO	15	12
FLOR DE LÓTUS	Japão	VITO NICOLA PARADISO	17	14
FRÈRE JACQUES	França	MELODIA TRADICIONAL (PROVAVELMENTE JEAN-PHILIPPE RAMEAU)	64	
GREENSLEEVES	Grã-Bretanha	MELODIA TRADICIONAL	68	
GUARDA INGLESA	Inglaterra	VITO NICOLA PARADISO	13	7
HARMONIA DA PRIMAVERA	França	VITO NICOLA PARADISO	35	37
HINO À ALEGRIA	Alemanha	LUDWIG VAN BEETHOVEN	24	23
JINGLE BELLS	EUA	JAMES LORD PIERPONT	25	25
LA CUCARACHA	México	MELODIA TRADICIONAL	80	
LEYENDA	Espanha	ISAAC ALBÉNIZ	49	55
LIMBO	América do Sul	MELODIA TRADICIONAL	54	59
LITTLE BLUES	EUA	VITO NICOLA PARADISO	78	
MALAGUEÑA	Espanha	MELODIA TRADICIONAL	53	58
MARCHA SOLDADO	Brasil	MELODIA TRADICIONAL	26	
MARCHINHA	EUA	MELODIA TRADICIONAL	19	15
MELODIA CÉLTICA	Irlanda	VITO NICOLA PARADISO	34	35
MOSTEIRO MISTERIOSO	Tibete	VITO NICOLA PARADISO	34	36
NIGHT BLUES	EUA	VITO NICOLA PARADISO	62	66

TÍTULO	NACIONALIDADE	AUTOR	PÁGINA	FAIXA DO CD
O CANTO DOS RANGERS	Canadá	VITO NICOLA PARADISO	27	28
O CARRINHO SONORO (IL CARRETTO SONORO)	Itália	MELODIA TRADICIONAL	71	
O CAVALO BRANCO	Eslováquia	MELODIA TRADICIONAL	21	19
O SOAR DAS TROMBETAS	Egito	VITO NICOLA PARADISO	14	10
O VALE DO RIO VERMELHO	EUA	MELODIA TRADICIONAL	27	27
O VELHO MACDONALD TINHA UMA FAZENDA	EUA	MELODIA TRADICIONAL	20	18
OH! SUSANNA	EUA	STEPHEN FOSTER	42	47
PARABÉNS PRA VOCÊ	EUA/Brasil	PATTY SMITH HILL/MILDRED J. HILL/BERTA CELESTE HOMEM DE MELO	28	
PERFUME MÉDIO-ORIENTAL	Turquia	VITO NICOLA PARADISO	33	34
PIVA PIVA	Itália	MELODIA TRADICIONAL	23	22
QUADRILHA	Itália	MELODIA TRADICIONAL	59	63
RIVIERA DEI FIORI	Itália	VITO NICOLA PARADISO	47	53
ROCK MY SOUL	EUA	MELODIA TRADICIONAL	42	48
ROMANZA	Espanha	MELODIA TRADICIONAL	40	46
SCARAZULA MARAZULA	Itália	MELODIA TRADICIONAL	37	40
SING SING CIÚ	China	VITO NICOLA PARADISO	13	8
TAMBORES NA SELVA	Quênia	VITO NICOLA PARADISO	14	9
TANGO PORTEÑO	Argentina	VITO NICOLA PARADISO	52	57
TARANTELLA	Itália	MELODIA TRADICIONAL	74	
TE DEUM	França	MARC-ANTOINE CHARPENTIER	24	24
TEMA DE MOZART	Áustria	WOLFGANG AMADEUS MOZART	20	17
TEMPLO SAGRADO	Índia	VITO NICOLA PARADISO	17	13
THE FIRST NOWELL	Inglaterra	MELODIA TRADICIONAL	29	29
TRÓPICO DANCE	América do Sul	MELODIA TRADICIONAL	82	
VALSA DA DESPEDIDA	Escócia	ROBERT BURNS	66	
VALSA PANAMENSE	Panamá	VITO NICOLA PARADISO	76	
VOANDO SOBRE AS GELEIRAS	Groenlândia	VITO NICOLA PARADISO	56	61
VOCÊ DESCE DAS ESTRELAS (TU SCENDI DALLE STELLE)	Itália	ALFONSO MARIA DE' LIGUORI	60	64

GUIA PARA UTILIZAR O CD

O violão solo é gravado no canal da direita. Para usar as bases musicais de acompanhamento, você pode excluí-lo girando para a esquerda o botão balanço do aparelho de som.

Faixas 1-6

1	MI	①	corda solta
2	SI	②	corda solta
3	SOL	③	corda solta
4	RÉ	④	corda solta
5	LÁ	⑤	corda solta
6	MI	⑥	corda solta

Faixas 7-66

Faixas para violão solo com as bases musicais de acompanhamento (ver índice).

CD gravado em outubro 2000, no Valentino Recording Studio de Giuseppe di Gioia – Via S. Rocco, 14 – 74011 Castellaneta – Itália.